DÉCISION

DU

CONSEIL DES PRISES.

AU NOM DE LA RÉPUBLIQUE FRANÇAISE;
UNE ET INDIVISIBLE.

LE CONSEIL DES PRISES, établi par l'arrêté des Consuls, du 6 germinal an VIII, en vertu de la loi du 26 ventôse précédent, a rendu la décision suivante :

ENTRE JOHN GREEN, capitaine du navire le *Pegou*, agissant par le ministère de HENRY L. WADDELL, subrécargue et co-propriétaire dudit navire, d'une part; Qualités des parties.

ET le Commissaire du Gouvernement près le Conseil, faisant et agissant en ladite qualité pour les capitaines, états-majors et équipages des frégates de la République française, la *Bravoure* et la *Cocarde*, d'autre part.

Vu l'acte inscrit au registre des titres de propriété des vaisseaux et bâtimens au port de Philadelphie, à la date du 13 août 1798, N°. 19, dûment signé et certifié, constatant que le navire, nommé le *Pegou*, de Philadelphie, où il a été construit dans l'année 1792, suivant un précédent acte de propriété, sous le N°. 98, délivré le 6 mai 1797, appartient à Mordecay Lewis, négociant de la ville de Philadelphie, ainsi qu'à Jesse *Visa* des principales pièces du bord.

A

Walu et Robert Walu, pareillement négocians de la même ville, et que ce navire, dont était maître John Green, citoyen des Etats-Unis, avait deux ponts et trois mâts, qu'il jaugeait 362 tonneaux, et qu'il avait dix canons sur affûts.

Vu le passeport, signé John Adams, président des Etats-Unis d'Amérique, et revêtu de toutes les formalités requises, suivant lequel ledit navire le *Pegou* indiquant sa destination pour Canton ; ladite lettre écrite en langues française, espagnole, anglaise et hollandaise, et dûment signée.

Vu le rôle contenant les noms, grades et gages des individus devant former l'équipage dudit navire le *Pegou*.

Vu le permis de la douane au port de Chester, district de Philadelphie, dûment signé par le receveur et l'officier du port, délivré le 13 septembre 1798, certifiant que ledit John Green a chargé et pris à bord dudit navire le *Pegou*, monté de dix canons, du ginseng, du bois de Campéche et du Brésil, et des plombs et fers, suivant le manifeste visé le même jour.

Vu les dix-sept connaissemens énonciatifs des piastres et autres marchandises dont était chargé ledit vaisseau le *Pegou*, à la consignation de Henry L. Waddell et Thomas Warton, ledit navire destiné pour Canton en Chine.

Visa des procès-verbaux de capture.

Vu le procès-verbal daté au commencement, du 22 brumaire an VII, déclaré fait double le 23 du même mois, et dressé par le citoyen Faure, capitaine de vaisseau, commandant la frégate la *Bravoure*, signé de lui, du citoyen J. B. Favre, aide commissaire et du citoyen la Mare-la-Mellerie, lieutenant en pied, enregistré à l'Orient le 9 ventôse suivant, duquel procès-verbal il résulte que ladite frégate de la République la *Bravoure*, en compagnie de la frégate la *Cocarde*, commandée par le citoyen Croizet, se trouvant à 6 heures par 33 dég. 40 min. de latitude nord, et 61 dég. 35 min. de longitude occidentale, a découvert ledit navire le *Pegou*, l'a joint, a tiré dessus trois coups de canon et l'a obligé d'amener ; que les scellés ont été mis aux coins des écoutilles avec le cachet aux armes de la République française.

Vu un autre procès-verbal, en date dudit jour 23 brumaire an VII, signé desdits Faure, Favre et la Mare-la-Mellerie, enregistré à l'Orient le 9 ventôse an VII ; ledit procès-verbal certifiant (sur la déclaration du capitaine Green, qu'il y avait à bord du *Pegou* 34 barils d'argent dans la soute sur l'arrière), 1°. qu'après être descendu dans la soute on n'a pu découvrir les barils qui se trouvaient dans le bois d'arimage, qu'ayant de suite fait vider la soute par des matelots français, les barils ont été hissés dans la grande chambre, qu'il s'en est trouvé deux défoncés et entièrement vides, et un troisième qui avait été aussi défoncé, mais dans lequel il était resté six sacs de gourdes éparses, deux sacs qui ont été déposés avec les six sacs contenus dans le troisième baril défoncé, et dont le total des huit sacs formait 3,476 gourdes et demie ; 2°. que cette dilapidation a été faite par les matelots américains qui avaient leurs sacs de hardes pleins de gourdes, et que visite faite il a été reconnu qu'effectivement les matelots américains avaient fait un grand trou à la cloison qui sépare la soute de la calle, et qu'ils avaient pu avec facilité défoncer lesdits barils et en enlever les sacs de gourdes, en conséquence de quoi il n'existait réellement que trente-un barils ne paraissant point avoir été touchés, un baril défoncé contenant huit sacs de gourdes, plus deux autres vides, ce qui faisait le nombre de trente-quatre barils déclaré par le capitaine Green, et enfin deux barils de gourdes que ledit capitaine Green a déclaré lui appartenir, et un troisième rempli de gourdes trouvées sur les matelots américains, le tout, est-il dit, renfermé dans la soute sur laquelle étaient les scellés.

Vu la déclaration d'arrivée dudit navire le *Pegou*, faite le 18 frimaire an VII, devant le juge de paix du deuxième arron-

Visa de l'instruction faite à l'arrivée de la prise.

dissement, canton de l'Orient, par le citoyen Favre, aide-commissaire à bord de la frégate la *Bravoure*, et contenant la remise d'un paquet renfermant les papiers dudit navire, ensemble le procès-verbal de dépôt fait le même jour à l'Orient entre les mains du caissier des invalides et des gens de mer, des barils trouvés sous les scellés apposés sur le paneau de la soute dudit navire le *Pegou* et reconnus intacts; lesdits barils, d'après énumération faite en présence du juge de paix, des officiers de marine et des différens officiers et matelots de l'équipage de la frégate la *Bravoure*, contenaient 110,227 piastres et demie, suivant l'inventaire daté au commencement du 19 frimaire an VII.

Vu les interrogatoires subis pardevant ledit juge de paix de l'Orient, les 23, 24 et 26 dudit mois de frimaire an VII, par John Green, Jams Cooper, Thomas Hishbourn Wharton, Richard-Thomas-Daniel Baruhem, Villams Even, Henry L. Waddell, Audren Crery et James Tuefer, tous capitaines, lieutenans, subrécargues, matelots, chirurgiens et commis aux vivres à bord dudit navire le *Pegou*, qui ont unanimement répondu que ledit navire naviguait sous pavillon américain, qu'il était destiné pour Chine, que l'équipage n'était composé que d'américains, que le rôle d'équipage a été fait à Philadelphie où ils s'étaient embarqués.

Jugement de première instance et d'appel. Vu le jugement rendu par le tribunal civil du département du Morbihan, le 25 ventôse an VII, sur les appels interjetés *à minima*, tant par ledit John Green, capitaine du *Pegou*, que par le contrôleur de la marine au port de l'Orient, faisant et agissant pour et au nom du Gouvernement français, et pour les capitaines, états-majors et équipages des frégates de la République la *Bravoure* et *la Cocarde*, du jugement rendu le 8 du même mois de ventôse par le tribunal de commerce de l'Orient, et visé dans celui du tribunal civil du département; le jugement de première instance portant main-levée en faveur du capitaine Green du navire le *Pegou*, ainsi que des marchandises et espèces désignées dans les connaissemens numérotés 1, 2, 3, 5, 8, 10, 12, 15, 16 et 17, et déclare de bonne prise, en les adjugeant aux capteurs, les piastres portées dans les connaissemens numérotés 4, 6, 7, 9, 11, 13 et 14, et chargées par Mongomery et Newbord, Richard Dall, Charles Burall, Robert Rabston Ger, Richard Willing, Samuel Coates et John Williams Svingst, ainsi que neuf barils et demi de ginseng, chargés par Williams, pour lesquels il n'existait pas de connaissemens, et autres marchandises et espèces qui pourraient se trouver à bord aussi sans connaissemens. Le capitaine Green condamné aux dépens, et le second jugement déclarant qu'il a été mal jugé par le premier, en ce qu'il n'a adjugé aux capteurs que les piastres portées dans les connaissemens numérotés 4, 6, 9, 11, 13 et 14, avec les 19 barils de ginseng, en ce qu'il avait déclaré la prise du *Pegou* invalide, et donné main-levée des marchandises et espèces désignées dans les connaissemens numérotés 1, 2, 3, 5, 8, 10, 12, 15, 16 et 17; en conséquence ledit jugement a déclaré de bonne prise ledit navire le *Pegou*, marchandises et cargaison, agrès, apparaux et ustensiles, a accordé du tout main-levée audit contrôleur de marine ès noms et qualités qu'il procédait, et a condamné ledit capitaine Green aux dépens.

Vu le mémoire présenté le 25 germinal an VII, au tribunal de cassation, par ledit John Green, à l'effet de faire casser et annuler ledit jugement rendu par le tribunal civil du Morbihan, dudit jour 25 ventôse an VII, et ensemble tout ce qui avait précédé et suivi, pourrait s'ensuivre, que les parties fussent remises au même et semblable état qu'avant ledit jugement, et renvoyées devant le tribunal compétent, pour être fait droit en la manière accoutumée, avec restitution de toutes les sommes qui auraient pu être payées et de l'amende.

Pourvoi en cassation.

Vu le mémoire présenté au Conseil, le 19 floréal dernier ,
par Henri L. Waddell , Subrécargue et co-propriétaire dudit
navire le *Pegou*, et dans lequel, après avoir rendu compte des
faits , et s'être plaint de ce qu'il n'avait point été rédigé en mer
de procès-verbal de capture, de ce que celui prétendu fait à
terre par le citoyen J.-B. Favre n'indiquait aucun prétexte pour
s'être emparé du navire, et de ce qu'aussitôt après la prise
tous les papiers n'ont pas été remis dans un coffre ou sac en
présence du capitaine du navire, qui devait être interpelé
de les sceller de son cachet , au terme de l'article 2 de la loi du
26 brumaire an IV.

Ledit L. Waddell s'est attaché à établir, 1°. que ledit navire
le *Pegou*, quoiqu'ayant à bord dix canons sur affûts de divers
calibres , n'était point armé en guerre, parce que les canons
sont nécessaires , tant pour les saluts et signaux d'arrivée et
de départ, que pour ceux de détresse, indispensables sur-tout
pour traverser les mers d'Asie , infestées de pirates, de for-
bans et de marates qui attaquent indistinctement les personnes
et les propriétés ; qu'avec une aussi riche cargaison que le
Pegou, on ne tentait point les hasards de la course, qu'avec
le peu de monde qu'il avait, il n'eût pu amariner les prises
qu'il eût songé à faire, d'où il résultait que l'armement qu'il
avait à bord n'était que pour sa seule défense, ce qui est toujours permis aux navires munis de passeports, et que , suivant l'ordonnance de 1681, pour que le port d'arme sur un
bâtiment entraînât la confiscation , il fallait que celui qui les
a fût sans aveu, ou qu'il eût *combattu en attaquant*, reproche qu'on ne pouvait faire au *Pegou* , porteur d'un passeport signé du président des Etats-Unis, d'un acte de propriété
et de lettres de mer ; tous actes énonçant qu'il y avait dix canons sur le *Pegou* qui, loin d'attaquer, avait amené son pavillon aux premiers coups de canon.

2°. Que le rôle d'équipage n'était point obligatoire pour les bâtimens américains, d'après le traité conclu le 6 février 1778, qui par ses articles 25 et 27 exigeait seulement qu'ils fussent pourvus, en cas de guerre, de lettres de mer ou passeports exprimant le nom, la propriété et le port du navire, avec le nom et la demeure du commissaire du vaisseau, et les certificats contenant le détail et la cargaison, et qu'en exhibant ces pièces et particulièrement le passeport conforme à la formule annexée au traité, il était défendu de les arrêter, molester, ou rechercher en aucune manière.

Qu'on opposait en vain l'ordonnance de 1744 et le règlement du 26 juillet 1778, ainsi que l'arrêté du Directoire du 12 ventôse an V qui ne pouvaient prévaloir contre un traité solennel entre deux nations amies et respectivement obligatoire, parce qu'il n'appartient ni à une seule partie ni à un seul peuple, d'échanger à son gré une stipulation faite d'un commun accord.

3º. Que le rôle d'équipage existait à bord du *Pegou*, malgré qu'il ne fût pas nécessaire, qu'à la vérité il n'était pas revêtu de toutes les formalités requises, c'est-à-dire de la signature si facile à obtenir, de deux officiers publics, dans des tems ordinaires; mais que la cause de cette omission était dans le fléau qui ravageait alors l'Amérique et sur-tout Philadelphie, et qui était tel, qu'on avait interdit, sous peine de mort, toute communication entre la terre et les équipages des bâtimens qui pouvaient, comme le *Pegou*, être atteints de la fièvre jaune.

Et qu'enfin, si le rôle d'équipage eût manqué réellement, il était amplement suppléé par la foule de renseignemens et d'autorités qui proclament la neutralité dudit navire, celle de toute la cargaison, sa propriété américaine, et l'origine américaine de tout l'équipage, toutes preuves résultantes du passeport, du permis de la douane, des manifestes de la cargaison, des dix-sept connaissemens de piastres ; et de la destination authentique pour la Chine.

Pour quoi ledit Henry L. Waddell a demandé que la prise du navire américain *le Pegou* fût déclaré nulle et de nul effet, que ce bâtiment fût rétabli dans l'état où il était lors de la capture, et mis dans le cas de reprendre de suite la mer, que la main-levée fût faite dudit navire, de toute sa cargaison, et des 150,919 piastres qui en faisaient partie, que la remise de tous les papiers de bord fût ordonnée, et que, pour les pertes éprouvées par suite d'une capture illégale, et d'un séjour forcé en France, depuis dix-sept mois, il fût accordé tels dommages et intérêts qu'il appartiendra, conformément à l'article 13 du règlement du 26 juillet 1778.

Conclusions du Commissaire du Gouvernement. Vu les conclusions du Commissaire du Gouvernement, laissées ce jour par écrit sur le bureau, et dont la teneur suit :

Le navire américain le *Pegou* ayant été pris par deux frégates de la République, les propriétaires de ce navire n'ont d'autre contradicteur que moi, puisqu'ils n'ont d'autre partie que le Gouvernement.

La justice est la première dette de la souveraineté : en exerçant les actions du Gouvernement, je n'oublierai donc pas que mon premier devoir, dans toutes les discussions, est de chercher le vrai, et que, par mon mandat, je ne dois être que juste.

Il résulte des faits de la cause qu'un jugement du tribunal de commerce de l'Orient, rendu le 8 ventôse an VII, donnait main-levée au capitaine Green de son navire, et d'une partie des marchandises et espèces qui composaient la cargaison, et que sur l'appel *à minima* interjeté de ce jugement par le contrôleur de marine au port de l'Orient, le tribunal du Morbihan a déclaré le navire et l'entière cargaison de bonne prise.

L'affaire se trouve soumise à la décision du Conseil, par

le recours que les capturés avaient porté au tribunal de cassation.

Le tribunal d'appel du Morbihan s'est fondé sur ce que ce
navire était armé en guerre, sans aucune commission ni autorisation du gouvernement américain, et sur ce qu'on n'avait
trouvé à bord aucun rôle d'équipage arrêté par les officiers publics du lieu du départ.

Les capturés ont publié un mémoire pour leur défense, dans
lequel ils demandent la nullité de la prise de leur navire, son
rétablissement dans l'état où il était lors de la capture, la main-
levée dudit navire, de toute sa cargaison et des piastres qui
en faisaient partie, la remise de tous les papiers de bord et
des dommages et intérêts proportionnés aux pertes qu'ils ont
éprouvées.

Pour pouvoir prononcer sur ces fins, il faut se fixer d'abord
sur la validité ou l'invalidité de la prise, si la prise est va-
lide ; toutes les demandes des capturés en dommages-intérêts, en
rétablissement ou en restitution des objets qui leur ont été pris,
s'écroulent avec la question principale. Si la prise est invalide,
il est alors indispensable de s'occuper de ces demandes acces-
soires.

Hors le cas d'une prise *constamment ennemie*, toute question sur la validité ou l'invalidité d'une prise quelconque, se
réduit à l'examen d'un fait de neutralité.

Les lois, les règlemens de la matière ne sont intervenus que
pour pouvoir fixer, dans chaque occurrence, les caractères
auxquels cette neutralité peut être reconnue.

Dans l'hypothèse actuelle, le tribunal d'appel du Morbihan
était-il autorisé à juger que le navire le *Pégou* se trouvait dans
des circonstances qui empêchaient de le reconnaître, et de le
respecter comme neutre ?

Il était, dit-on, *armé en guerre sans commission et sans
autorisation de son Gouvernement. Il était monté de dix ca-*

A 5

ñons, de différens calibres ; on y a trouvé de la mousqué-
terie et des munitions de guerre.

Les capturés répondent que leur navire, expédié pour l'Inde, était armé pour sa propre défense, et que les munitions de guerre, la mousquéterie et le nombre des canons qui composaient l'armement, n'excédaient point ce qui est d'usage en pareil cas, pour des voyages de long cours.

Quant à moi, je pense qu'il ne suffit pas d'avoir ou de porter des armes pour mériter le reproche d'être armé en guerre.

L'armement en guerre est une disposition purement offensive. Il se vérifie lorsqu'on n'a d'autre but, dans cet armement, que celui de l'attaque, ou du moins lorsque tout annonce que tel est le but principal de l'entreprise; alors on est réputé ennemi ou pirate, si l'on n'est porteur d'une mission, ou d'un titre capable d'écarter tous les soupçons (1).

Mais la défense est de droit naturel, et les moyens de défense sont légitimes dans les voyages de mer, comme dans toutes les autres occurences périlleuses de la vie.

Un navire composé d'un équipage peu nombreux, et dont le chargement en marchandises s'élevait à une somme considérable, était évidemment destiné au commerce et non à la guerre.

Les armes trouvées à bord dans ce navire étaient, non pour exercer des rapines et des hostilités, mais pour les prévenir, non pour attaquer, mais pour se défendre.

Le prétexte de l'armement en guerre ne saurait donc me paraître fondé.

Je passe à l'examen du second reproche fait aux capturés sur *le défaut d'un rôle d'équipage arrêté par les officiers publics du lieu du départ.*

---

(1) Art. 4 et 5 du titre des prises, de l'ordonnance de la marine de 1681.

Pour soutenir la validité de la prise, on invoque le règlement du 21 octobre 1744, celui du 26 juillet 1778, et l'arrêté du Directoire du 12 ventôse an V, qui exigent un rôle d'équipage.

Les capturés réclament, de leur côté, le traité de commerce conclu entre la France et les Etats-Unis d'Amérique, le 6 février 1778; ils soutiennent que des règlemens généraux n'ont pu déroger à un traité particulier, et que le Directoire n'a pu enfreindre ce traité par une volonté arbitraire.

Je ne crois pas nécessaire d'entrer sur cet objet dans toutes les questions agitées; je sais qu'en général les conventions, entre les peuples, doivent être fidèlement gardées. Mais je sais aussi que n'y ayant point de tribunal commun auquel les nations diverses puissent porter leurs plaintes respectives, et y dénoncer les violations des traités, chaque Gouvernement qui croit avoir à se plaindre d'un autre Gouvernement, voisin, neutre ou allié, est autorisé à demeurer juge dans sa propre cause, et à prendre telles mesures qu'il croit utiles à sa sûreté. Il serait donc absurde et dangereux de déterminer, en thèse, ce qu'un Gouvernement peut ou ne peut pas, quand il agit pour le soin de sa conservation.

Il est certain en point de fait que les règlemens de 1744 et de 1778, et l'arrêté du Directoire, exigent un rôle d'équipage, arrêté par les officiers publics du lieu du départ. C'est un autre fait que le rôle d'équipage n'est point énoncé dans le traité du 6 Février 1778, entre la France et les Etats-Unis d'Amérique, parmi les pièces requises pour constater la neutralité. Mais je ne crois pas avoir besoin d'examiner, si le traité doit avoir plus de force que les règlemens, ou si les règlemens doivent prévaloir sur le traité.

Je pars du principe que toutes les questions de neutralité sont, ce qu'on appelle en droit, des questions de bonne foi, dans lesquelles il faut avoir égard au fond même des choses, et peser les faits, sans s'arrêter à de vaines apparences.

La neutralité doit être prouvée; de-là, l'ordonnance de la marine de 1681, titre *des prises*, art. 6, porte : « seront de bonne prise les vaisseaux avec leur chargement dans lesquels il ne sera trouvé chartes-parties, connaissemens, ni factures ».

C'est d'après le même point de vue que les règlemens de 1744 et 1778 soumettent les maîtres des bâtimens neutres à justifier sur mer de leur propriété neutre, par des passeports, connaissemens, factures et autres papiers de bord.

Le règlement de 1744 dont les dispositions ont été reproduites par l'arrêté du Directoire, énonce littéralement parmi les pièces requises pour la preuve de la propriété neutre, un rôle d'équipage en bonne et due forme.

Mais, ce serait une erreur de croire que le défaut d'une seule de ces pièces, ou la moindre irrégularité dans l'une d'elles, pût faire prononcer la validité d'une prise.

Quelquefois des pièces en forme cachent un ennemi que d'autres circonstances démasquent. Dans d'autres occasions, le caractère de neutralité perce à travers des omissions ou des irrégularités de forme qui proviennent d'une simple négligence, ou qui sont fondées sur des motifs étrangers à toute fraude.

Il faut aller au vrai, et dans ces matières, comme dans toutes celles qui sont régies, non par des formules sacramentelles ou de rigueur, mais par des principes de bonne foi, il faut dire avec la loi, que de simples omissions ou de simples irrégularités de forme, ne sauraient nuire à la vérité, si d'ailleurs elle est constatée. *Et si aliquid ex solemnibus deficiat, cùm equitas possit subveniendum est.*

Aussi le règlement du 26 juillet 1778, article II, après avoir dit que les maîtres des bâtimens neutres seront tenus de justifier sur mer de leur propriété neutre, par les passe-ports, connaissemens, factures et autres pièces de bord, ajoute : l'une desquelles au moins constatera la propriété neutre ou en contiendra une énonciation précise.

Il ne s'agit donc pas dans toutes les hypothèses *de justifier de la propriété neutre* par le concours simultané de toutes les pièces énumérées dans les règlemens. Mais il suffit, selon les circonstances, que l'une d'elles constate cette propriété ; si elle n'est contredite ou combattue par des circonstances plus décisives.

L'essentiel, en toute occasion, est que le juge puisse être raisonnablement convaincu que la propriété est *neutre* ou qu'elle ne l'est pas.

N'importe que, selon les cas, le législateur ait cru devoir recommander plus particulièrement la représentation de certaines pièces, et qu'il ait paru appliquer la déclaration de bonne prise à tout navire dont le maître ne peut exhiber ces pièces ; cette sévérité du législateur n'est et ne peut jamais être que comminatoire. Elle demeure toujours subordonnée à l'ensemble des circonstances qui seul peut opérer la conviction.

Nous avons un exemple de ce que j'établis dans l'article 6 du réglement du 21 octobre 1744. Par cet article *le législateur veut que tout vaisseau pris, de quelque nation qu'il soit, neutre, ennemi ou allié, duquel il sera constaté qu'il y a eu des papiers jetés à la mer, soit déclaré de bonne prise, avec sa cargaison, sur la seule preuve constante des papiers jetés à la mer.* Rien de plus formel.

Dans ces derniers tems, des difficultés s'élevèrent sur la manière d'exécuter cette disposition rigoureuse qui avait été renouvelée par le règlement de 1778.

Le 13 novembre 1779, le Roi écrivit à l'Amiral *qu'il s'en remettait entièrement à lui et aux Commissaires du Conseil des prises, d'appliquer la rigueur des ordonnances et du règlement du 26 juillet, ou d'en modifier les dispositions, selon que les circonstances particulières leur paraîtraient l'exiger.*

Un arrêt du Conseil du 27 décembre même année, intervenu

entre Pierre Brandebourg, capitaine du navire suédois la *Fortune*, et le sieur de la Roque Dourdan, commandant le chébec du roi le *Renard*, relâcha la prise de ce navire, malgré la circonstance d'un jet de papier à la mer. Il décida *qu'il fallait, pour que le jet des papiers à la mer emportât la confiscation, qu'ils fussent de nature à donner des preuves d'une propriété ennemie, et que le capitaine eût intérêt à jeter ses papiers à la mer, ce qui ne se trouvait pas dans l'espèce du capitaine suédois* (1).

Le grand principe est donc de se déterminer par la vérité des choses.

La propriété neutre doit être prouvée, mais elle peut l'être malgré l'omission ou l'irrégularité de quelques formes. D'autre part on peut découvrir la fraude quoiqu'on ait entrepris de la cacher sous des apparences trompeuses. On doit mettre à l'écart toutes les épines et toutes les subtilités du droit, suivant l'expression énergique d'une ancienne ordonnance (2), il faut procéder par *bonne et mure délibération, et y regarder par la conscience.*

A quoi serviraient les déclarations, les interrogatoires, les informations qui ont eu lieu dans les premiers momens où une prise est amenée, si tout se réduisait à l'examen matériel des pièces, si le devoir du juge n'était pas d'approfondir les objets, et si les parties n'avaient pas le droit d'expliquer, par leurs déclarations et par leurs réponses, les faits qui peuvent être obscurs; ou de suppléer, par une justification détaillée, aux pièces qu'elles ont été dans l'impossibilité de rapporter, ou dont l'omission n'est que l'effet de circonstances plus ou moins impérieuses.

Dans la cause actuelle, sans examiner si les capitaines amé-

---

(1) Nouveau code des Prises, tom. 2, pag. 169, 170 et 171.

(2) Ordonnance du 7 décembre 1400, art. 6, sur le fait de l'Amirauté.

ricains sont ou ne sont pas tenus d'exhiber un rôle d'équipage
arrêté par les officiers publics du lieu du départ, j'observe que
ce rôle est suppléé par le passeport, et que les capturés excipent
de l'impossibilité phisique où ils ont été de faire viser leur rôle
d'équipage par les officiers publics de Philadelphie, puisqu'il
était défendu, sous peine de mort, de communiquer avec Philadelphie où régnait la plus terrible des épidémies, et qu'aucun
matelot ou officier d'un navire où ce fléau s'était manifesté, ne
pouvait communiquer avec la terre. J'ajoute que le passeport,
les connaissemens et tous les papiers de bord constastent, d'une
manière évidente, la propriété neutre du navire et de sa cargaison ; on n'a même jamais osé censurer aucune de ces
pièces.

Tout ce que l'on peut conclure de ce que le rôle d'équipage,
dont l'exhibition est faite, n'a point été arrêté par les officiers
publics du lieu du départ, est que cette pièce est *nulle et de
nul effet*, pour la preuve du fait de neutralité, aux termes du
règlement du 26 juillet 1778. Mais si d'autres pièces probantes
et régulières constatent le même fait, et si ces pièces ne sont
contrariées par aucune présomption de fraude, le caractère
de neutralité ne peut alors être méconnu par le juge; c'est ce
qui se vérifie dans l'hipothèse présente où l'on se prévaut de
l'impossibilité dans laquelle on a été de faire arrêter le rôle
d'équipage, où conséquemment aucune présomption de fraude
ne peut naître de ce défaut innocent et forcé, et où toutes les
autres circonstances suppléent efficacement à ce qui manque.

L'invalidité de la prise est donc évidente ; cela posé, il suit
que l'on doit restituer aux capturés, en nature ou par équiva-
lent, tout ce qu'on leur a pris.

Quant à leur demande en dommages et intérêts, je dois faire
remarquer, en principe, que la justice d'une pareille demande
n'est pas toujours une conséquence nécessaire de l'invalidité
reconnuc de la prise.

L'objet des dommages-intérêts est la réparation du *dommage souffert* et du *gain cessant*. L'adjudication des dommages-intérêts est fondée sur ce que chacun doit réparer le tort qu'il a fait à autrui. Ainsi il est dû des dommages-intérêts en matière de prises, toutes les fois qu'indépendamment de l'action en restitution ou en rétablissement de ce qui a été pris, on peut encore demander à être indemnisé de ce qu'on a souffert par le mal qui est résulté de certaines vexations dont on peut se plaindre, ou de l'état de sequestration d'une propriété qui aurait toujours dû être libre.

En général on est tenu par la loi naturelle et par la loi civile de réparer le dommage dont on est la cause. Le prétexte même de l'erreur ne peut dispenser personne de cette réparation. Car un autre ne doit point souffrir de ce que nous errons. Chacun doit porter le poids de sa propre destinée, sans être reçu à le rejeter sur autrui. Il n'y a point à balancer entre celui qui se trompe et celui qui souffre. Mais si ce dernier s'est exposé par sa faute aux inconvéniens ou aux dangers dont il se plaint, l'action en dommages et intérêts cesse, parce qu'alors il ne peut s'imputer qu'à lui-même le mal qui tombe sur lui.

En matière de *prises*, l'imprudence des capturés, leur négligence dans l'observation de certaines formes, des procédés équivoques peuvent souvent compromettre leur sûreté et faire suspecter leur bonne foi ; il peut arriver alors qu'en examinant l'ensemble des faits, on reconnaisse qu'une prise est invalide ; mais on peut reconnaître aussi que les capturés, par leur conduite, ont donné lieu à la méprise des capteurs. Dans ces cas il serait injuste de rendre ceux-ci responsables d'une erreur que l'on ne peut raisonnablement regarder comme leur ouvrage.

Mais quand l'injustice des capteurs ne peut être excusée, les capturés ont incontestablement droit à une adjudication de dommages et intérêts.

Appliquons ces principes à la cause. Les capteurs ont-ils pu concevoir quelques soupçons fondés contre le capitaine du navire le *Pegou*? la neutralité de ce navire n'était-elle pas démontrée par *sa construction de fabrique américaine*, par son pavillon, par sa destination, par les hommes de l'équipage, tous américains, par la nature du chargement composé de marchandises américaines, sans aucun mêlange d'objets de contrebande, par le nom et le caractère du capitaine Green connu par des services récemment rendus à la nation française, par l'acte de propriété du navire, par le passeport, par les connaissemens, par toutes les pièces de bord, enfin par le lieu même où la prise a été faite, et qui était exclusif de toute destination suspecte? Toute méprise était donc impossible.

Le navire a tout de suite amené ses voiles, et ne s'est point défendu ; les officiers et gens de l'équipage ont fait des déclarations loyales ; ils ont répondu franchement aux interrogatoires ; rien d'équivoque n'a percé dans leurs discours. Tout prétexte même manquait donc aux capteurs ; d'autre part, quelle a été la conduite de ces derniers? Il ne paraît pas qu'ils aient observé les précautions conservatoires indiquées par les règlemens ; on leur fait des reproches plus graves encore, mais dont je ne crois pas devoir m'occuper, et qui seront vérifiés lors de la restitution des effets. Il me suffit d'avoir acquis, par le concours de tous les faits, la conviction que la demande en dommages et intérêts ne saurait être refusée.

Dans ces circonstances, je conclus à ce que le Conseil, faisant droit sur le recours déclaré par John Green, capitaine du navire américain le *Pegou*, agissant par le ministère de Henry L. Waddel, subrécargue et co-propriétaire dudit navire, décide que, sans s'arrêter au jugement rendu le 25 ventôse an VII, par le tribunal d'appel du Morbihan, ni à celui du tribunal de commerce de l'Orient, du 8 du même mois, pleine et entière main-levée sera faite à John Green, ou à tel autre justifiant de son droit et pouvoir, du navire américain le *Pegou*, de ses agrès et apparaux, ensemble des marchandises de son chargement ; en conséquence que tout lui sera rendu et restitué, ainsi que toutes les pièces et papiers de bord, à quoi faire tous gardiens et dépositaires contraints, même par corps, quoi faisant déchargés. Quant aux fins de John Green en dommages et intérêts, je conclus à ce que lesdits dommages et intérêts lui soient adjugés, et que la liquidation en soit faite par des experts aux formes de droit.

Délibéré à Paris le six prairial an huit, *Signé* PORTALIS.

Ouï le rapport du citoyen BARENNES, tout vu et consideré :

Dispositif.   LE CONSEIL, faisant droit sur le recours déclaré par John Green, capitaine du navire américain le *Pegou*, agissant par le ministère de Henry L. Waddell, subrécargue, et co-propriétaire dudit navire, sans s'arrêter au jugement rendu le 25 ventose an VII, par le tribunal d'appel du Morbihan, ni à celui du tribunal de commerce de l'Orient, du 8 du même mois, DÉCIDE que la prise dudit navire le *Pegou* et de sa cargaison, est nulle et de nul effet ; en conséquence fait pleine et entière main-levée audit John Green et à tous autres, justifiant de leurs droits et pouvoirs, dudit navire américain le *Pegou*, de ses agrès et apparaux, ensemble des papiers, effets et marchandises de son chargement, ORDONNE que tout lui sera rendu et restitué, ainsi que toutes les pièces et papiers de bord, à quoi faire tous gardiens et dépositaires seront contraints, même par corps, quoi faisant déchargés.

Quant aux fins dudit John Green, en dommages et intérêts résultant des pertes qu'il a pu souffrir et dont il justifiera, LE CONSEIL lui adjuge lesdits dommages et intérêts d'après la liquidation qui en sera faite par experts aux formes de droit.

Fait le 9 prairial an VIII de la République française, une et indivisible. Présens les citoyens RÉDON, *président ;* NIOU, LACOSTE , MOREAU, MONTIGNY - MONPLAISIR , BARENNES , DUFAUT , PARSEVAL-GRAND-MAISON et TOURNACHON , *tous Membres du Conseil des prises*, séant à Paris, maison de l'Oratoire.

AU NOM DE LA RÉPUBLIQUE FRANÇAISE , il est ordonné à tous huissiers, sur ce requis, de mettre la présente décision à exécution, à tous commandans et officiers de la force publique, de prêter main-forte lorsqu'ils en seront légalement requis, et aux commissaires du Gouvernement , près les tribunaux , d'y tenir la main ; en foi de quoi ladite décision a été signée par le président du Conseil et par le Rapporteur.

Signé, RÉDON , *président.*

Par le Conseil ,

Le Secrétaire-général ,

Signé, CALMELET.

De l'Imprimerie de TESTU , Imprimeur du Conseil des Prises ; rue Hautefeuille , N°. 14.

www.ingramcontent.com/pod-product-compliance
Lightning Source LLC
Chambersburg PA
CBHW060711280326
41933CB00012B/2387